친구의 전설
PLALY BOOK

심심해?
나랑 같이 신나게 놀자!

아기 오리들을 찾아라.

심심해?
숨은 그림을 찾아봐.
재밌겠다.

틀린그림 찾기

맛있는 색으로
색칠해 줘.

내가 너 꼭 데어버린다.

전설의 작가 되기

너만의 표지도 그리고
이야기도 만들어봐.

친구의 전설

작가 ______

여긴

따끔.

내 꼬리에 뭐가 붙은 거야!

우와. 그래서
어떻게 됐어?

너의 전설 정말 재밌다.
역시 넌 전설의 작가야.

꼬리꽃이 어떻게 됐는지 알고 있다고?

어여 그 재미난 이야기 들려줘.

꼬리꽂은 그리 됐구먼.
재밌는 이야기
잘 들었어.

이야, 그림책 장면이다.

색칠도 해보고 대사도 넣어봐.

꼬리꽃은 어디서 왔을까?

얘들아, 내가 어디서 왔는지 말해줄게.
궁금해.

내가 어디서 왔느냐 하면 말이지.

상상만 해도 웃음이 나. 행복한 곳이야.

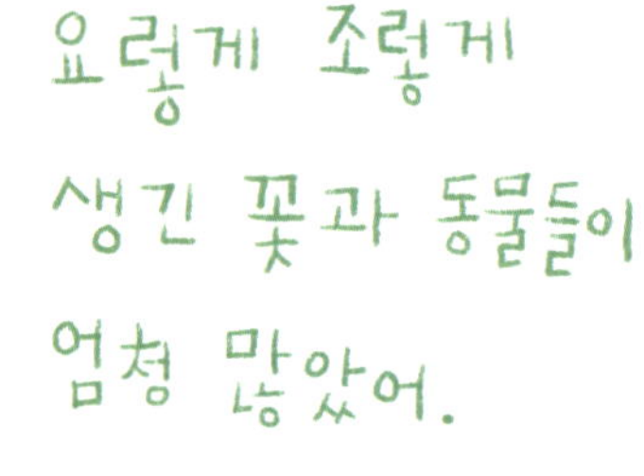

요렇게 조렇게 생긴 꽃과 동물들이 엄청 많았어.

다시 가보고 싶어.
우리가 그려줄게.

그래 여기가 내가 살던 곳.

거기 흰 꽃 많아?
응, 그럼. 아주 많아.

꼬리꽃 친구들을 그려줘.
누렁이
못 그리네.

멋진 것들을 잔뜩 만들 거야.

잘했어.
누렁이.
칭찬해.

잘했어. 칭찬해.

월
일 월 화 수 목 금 토
월

일 월 화 수 목 금 토

월

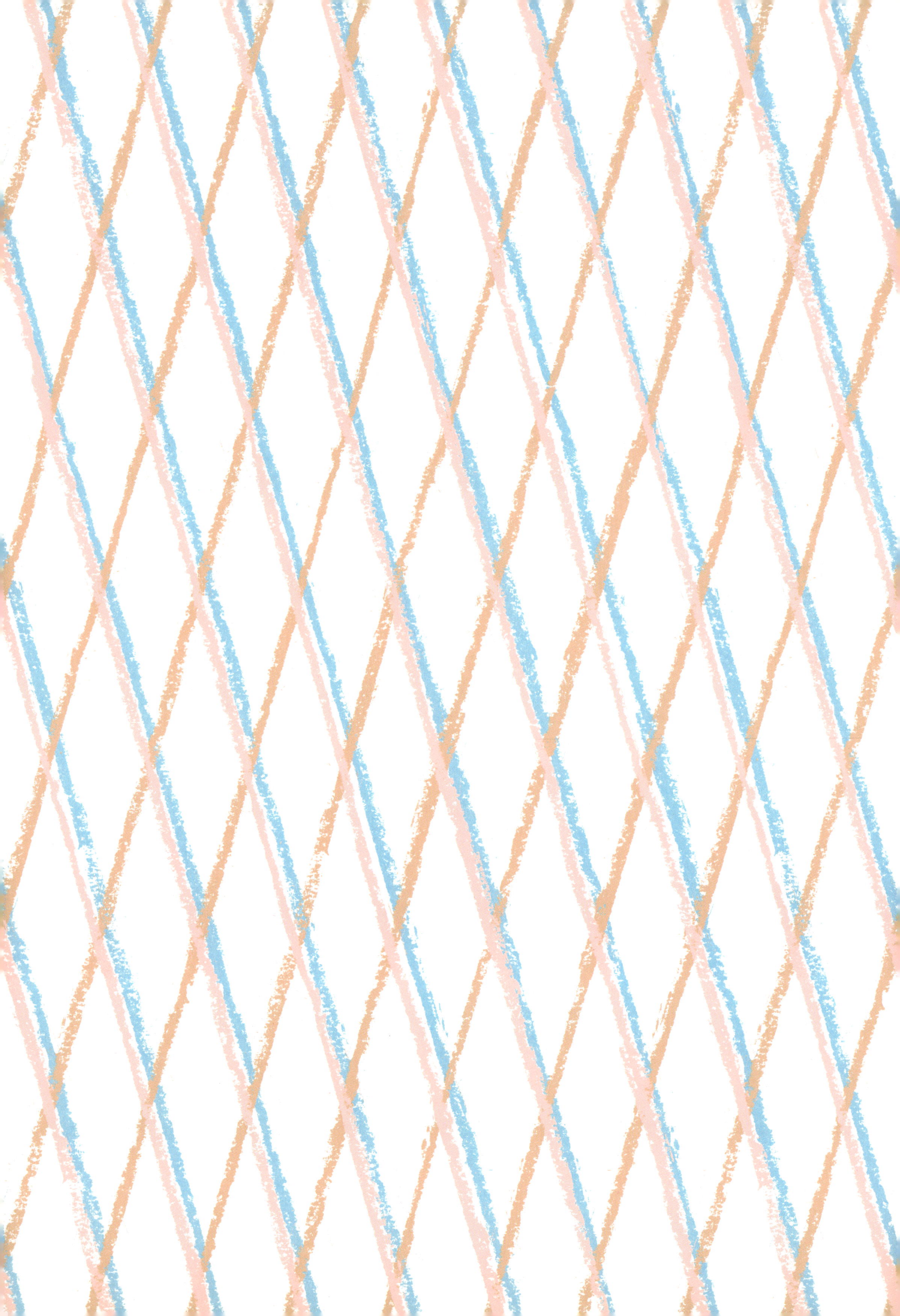

표정으로 말해요.

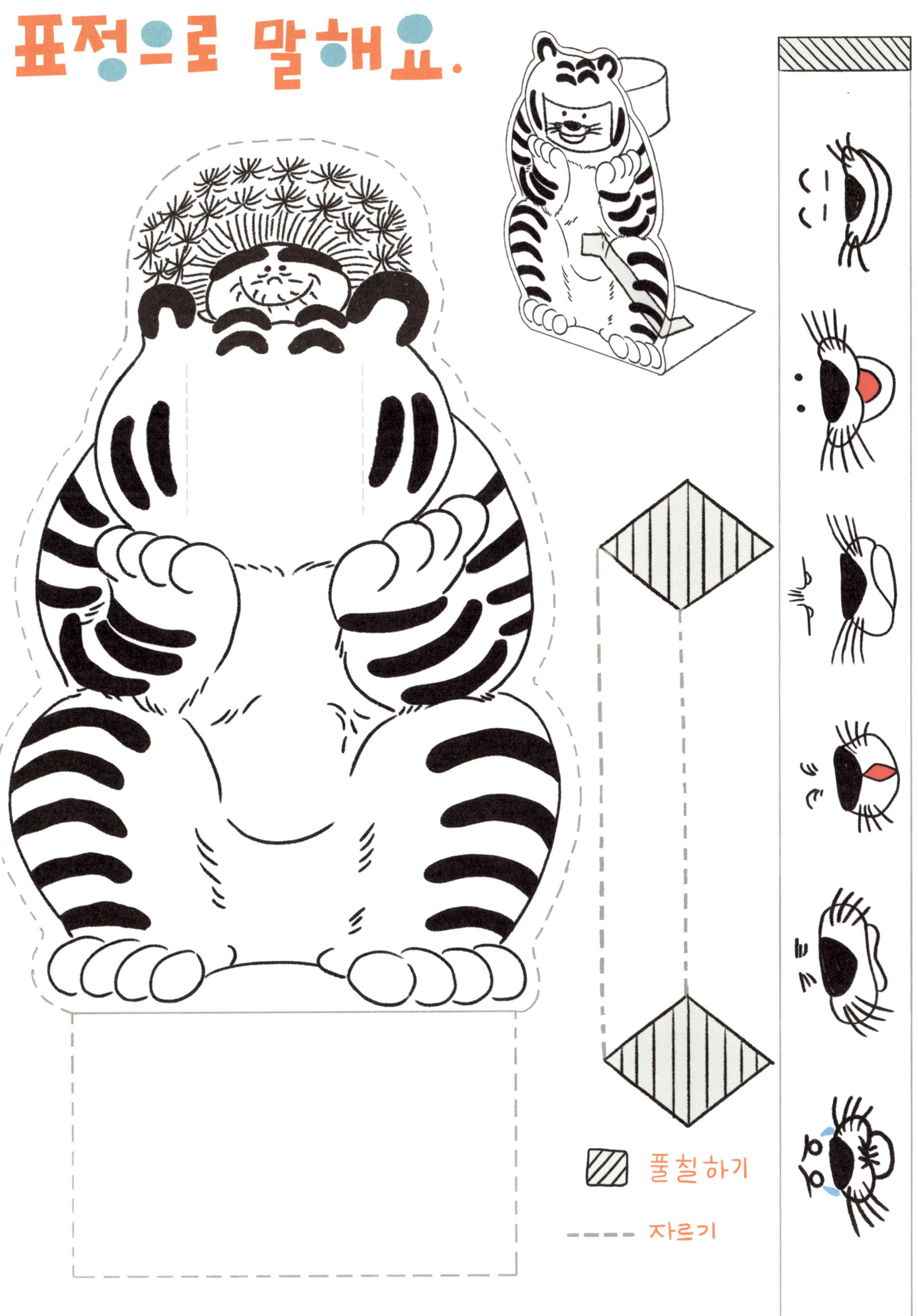

풀칠하기

- - - - 자르기

너를 위해
준비했어.

입체
전설 숲
카드
메세지를 쓰고 붙여보요.
LOVE

자르기

풀 칠하기

풀 칠하기

재밌게 잘 놀았어?
정답 알려 줄게.

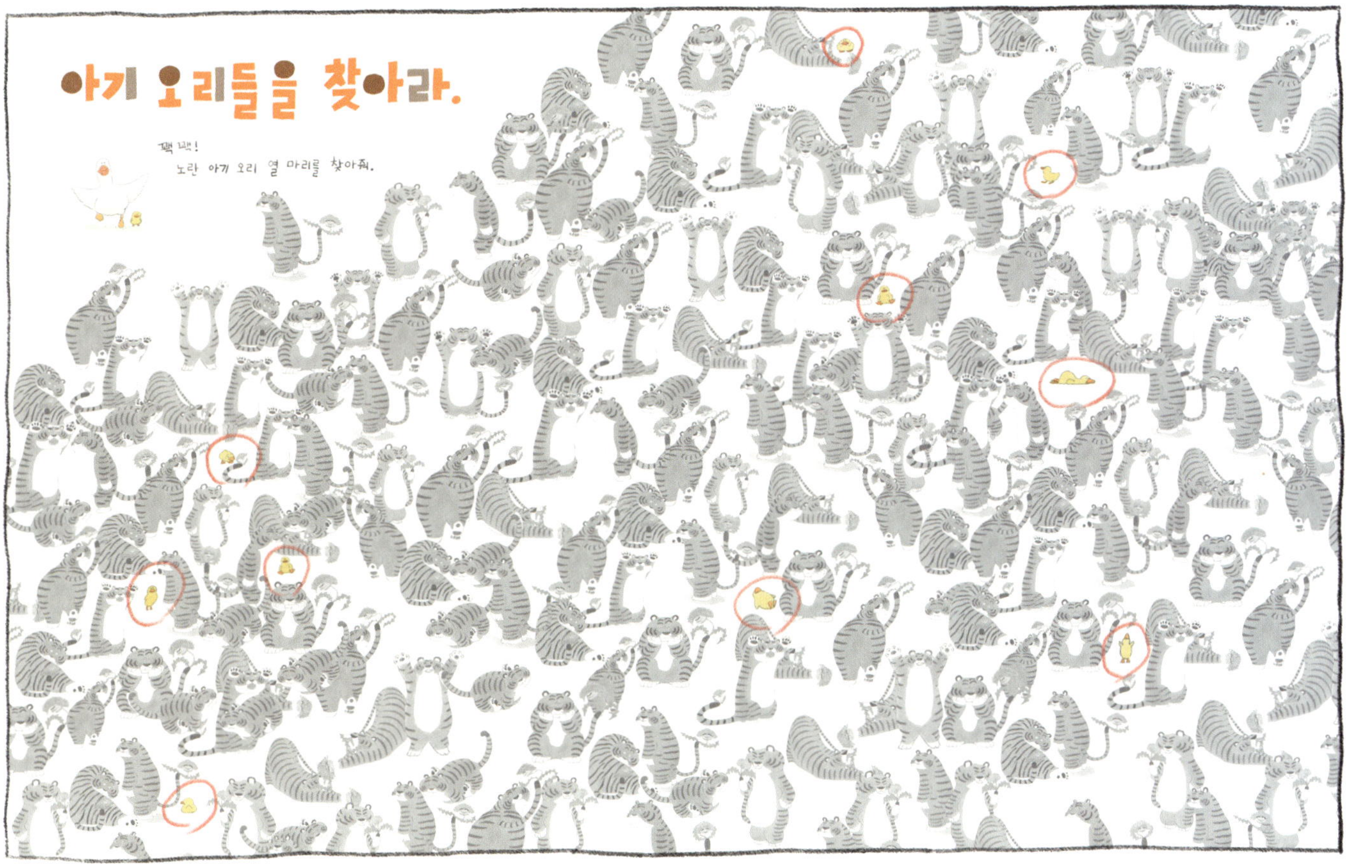

아기 오리들을 찾아라.

심심해?
숨은 그림을 찾아봐.
재밌겠다.

더 신나게 놀자!
달려!
왕!
까르르